BEI GRIN MACHT SICH IHR WISSEN BEZAHLT

AF137154

- Wir veröffentlichen Ihre Hausarbeit, Bachelor- und Masterarbeit

- Ihr eigenes eBook und Buch - weltweit in allen wichtigen Shops

- Verdienen Sie an jedem Verkauf

Jetzt bei www.GRIN.com hochladen
und kostenlos publizieren

Anja Schumacher Antonijevic

Geschichte der Schulsozialarbeit: ein Kurzreferat

GRIN Verlag

Bibliografische Information der Deutschen Nationalbibliothek:

Die Deutsche Bibliothek verzeichnet diese Publikation in der Deutschen National-
bibliografie; detaillierte bibliografische Daten sind im Internet über http://dnb.d-
nb.de/ abrufbar.

Impressum:

Copyright © 2005 GRIN Verlag GmbH
Druck und Bindung: Books on Demand GmbH, Norderstedt Germany
ISBN: 978-3-638-93190-8

Dieses Buch bei GRIN:

http://www.grin.com/de/e-book/44662/geschichte-der-schulsozialarbeit-ein-kurzre-
ferat

GRIN - Your knowledge has value

Der GRIN Verlag publiziert seit 1998 wissenschaftliche Arbeiten von Studenten, Hochschullehrern und anderen Akademikern als eBook und gedrucktes Buch. Die Verlagswebsite www.grin.com ist die ideale Plattform zur Veröffentlichung von Hausarbeiten, Abschlussarbeiten, wissenschaftlichen Aufsätzen, Dissertationen und Fachbüchern.

Besuchen Sie uns im Internet:

http://www.grin.com/

http://www.facebook.com/grincom

http://www.twitter.com/grin_com

Evangelische Fachhochschule Hannover

Geschichte der deutschen Schulsozialarbeit, unter Berücksichtigung des Verhältnisses zwischen Schule und Jugendhilfe

Referat

Im Projekt Schulsozialarbeit

Eingereicht von Anja Schumacher Antonijevic,

4. Semester / Hauptstudium

1.Juni 2005

Gliederung

1.Einleitung

In Anlehnung an das Projekt „Schulsozialarbeit" erhielt ich den Auftrag, mich im
vorliegenden Referat mit der Geschichte der Schulsozialarbeit auseinander zusetzen.
Der zu bearbeitende Text „Historische Aspekte zum Verhältnis von Jugendhilfe und
Schule" von Hans Günther Homfeldt war mir vorgegeben, weshalb ich mich
hauptsächlich daran orientiere.

Bei der Arbeit an diesem Referat war meine Intention, herauszufinden, inwieweit
ursprüngliche Strukturen bis in die Gegenwart reichen und an welche
gesellschaftlichen Bedingungen die Weiterentwicklung von Schulsozialarbeit
geknüpft ist.

Meine Arbeit beginnt mit einer Definition von Schulsozialarbeit, um darzustellen,
welch weitreichenden Wirkungskreis Schulsozialarbeit haben kann, um dann auf den
historischen Aspekt einzugehen.

Diesen habe ich in acht Bereiche unterteilt. In der industriellen Phase erläutere ich
die Wurzeln von Schulsozialarbeit und erkläre in der Weimarer Phase die Entstehung
von Strukturen, die teilweise bis heute überdauert haben. Die Zeit des
Nationalsozialsozialismus habe ich nicht bearbeitet, sondern nur kurz angerissen, um
mich einzugrenzen, da Schulsozialarbeit in dieser Zeit nicht geleistet wurde und die
Jugendarbeit dieser Zeit ein eigenes Thema ist.

Auch der Nachkriegszeit habe ich mich nur kurz gewidmet, da in dieser Zeit primär
Nothilfe geleistet und das Überleben gesichert werden musste. Für die 60er Jahre
zeige ich die erste Entwicklung neuer Ideen an, um dann die revolutionäre
Veränderung, die in den 70er Jahren stattfand aufzuzeigen. In den 80er Jahren gehe
ich auf die Etablierung der Sozialpädagogik in der Schulsozialarbeit ein und auf die
Anerkennung auch auf politischer Ebene. Ich beende den historischen Überblick mit
der Weiterentwicklung der Schulsozialarbeit von den 90er Jahren bis heute.

Das Referat wird mit einem Resümee beendet, in dem ich versuche, meine
Eingangsfragen zu beantworten.

2.Definition Schulsozialarbeit

Schulsozialarbeit Problemfeld: S. nimmt nach verschiedenen Stellungnahmen (10.Kinder- und Jugendbericht) eine Scharnierfunktion zwischen ? Jugendhilfe, Schule und ? Familie wahr. Damit ist ihr als Aufgabe die Aufarbeitung der Problemlagen von Kindern und Jugendlichen zugewiesen, die zwischen den Sozialisationsagenturen Schule (Aufarbeitung von Schulproblemen), Familie (Ablösungsprobleme vom Elternhaus und Bewältigung defizitärer Muster, familiäre Problemlagen) und Peergroup (Erfahrungen mit dissozialen Mustern und deren Relevanz für Lebensbewältigung) entstehen. Mit der S. werden präventive Ansätze der Jugendhilfe in der Schule als Ort für Lern- und Erfahrungsprozesse von Kindern und Jugendlichen eingebracht. Daten der ? Jugendämter belegen, dass in hohem Maße Schulprobleme Auslöser für Hilfemaßnahmen (z.b. Tagesgruppen) sind Zugleich antwortet S. auf deviante Formen der Problembewältigung durch Schüler wie Schulverweigerung und Gewaltorientierung. Durch das Wegbrechen von Orientierungen brauchen Kinder und Jugendliche verlässliche Lebens- und Sozialräume, in denen sie qualitätvolle Erfahrungen machen können. S. wird so auch zu einer Vermittlungs- und Anlaufinstanz sowohl für Kinder und Jugendliche, die Schule verweigern (Thimm 2000), und wie auch für jene Jugendlichen in besonderen Lebenslagen (sog. Straßenkinder) (Stickelmann 1999), die ganz aus der Schule herausfallen. Hinzu kommt, dass bei ca. 10% der Kinder im Grundschulalter mit psychischen Störungen zu rechnen ist. Das betrifft emotionale und soziale Defizite wie auch Schwierigkeiten in der Verarbeitung von Lernstoff und Wahrnehmungsprobleme. In ihrer Selektionsfunktion und der damit verbundenen institutionellen Diskriminierung kann Schule auf belastete Kinder und Jugendliche einen negativen Entwicklungsschub ausüben. S. ist somit ein professionelles sozialpädagogisches Handeln in der Sozialisationsagentur Schule mit Korrekturauftrag, weil Schule unter dem Einfluss von Modernisierungsfolgen (Individualisierung einerseits und Pluralisierung von Lebensformen andererseits) den Auftrag von Bildung und Erziehung nicht ausreichend erfüllen kann. S. kann indessen weder den Erziehungsauftrag noch die spezifischen Beratungs-, Hilfs- und Dienstleistungsangebote der ? Kinder- und Jugendhilfe ersetzen. Doch verlangen veränderte Sozialisationsbedingungen (? Sozialisation) durch die gesellschaftlichen Modernisierungsschübe in Familie und Freizeitbereich differenziertere Lebensbewältigungsformen als sie die Schule anbieten kann. Bedarf besteht auch aufgrund der veränderten Lebenssituation von Kindern und Jugendlichen durch die Modernisierungsprozesse, auf die nicht alle Elternhäuser in angemessener Form eingehen können. Im 10. Kinder- und Jugendbericht der Bundesregierung wird zudem festgestellt: „Häufig sind ausländische Eltern überfordert, ihre Kinder auf Leben und Lernen in deutschen Schulen vorzubereiten und ihnen bei Schwierigkeiten zu helfen. Angebote außerunterrichtlicher Betreuung und Begleitung ausländischer Kinder durch die Kinder- und Jugendhilfe müssen sich verstärkt auf diese Situation einstellen und präventiv tätig werden." (BMFSFJ 1998, S.112)

Einordnung: S. ist eine eigenständige sozialpädagogische Orientierungs- uns Strukturierungshilfe für Kinder und Jugendliche in der Schule. Die vorliegende Fachliteratur zu S. ist differenziert und zeigt, dass sich ein zentrales Arbeitsfeld der Jugendhilfe entwickelt hat, das Zukunft hat. Schwerpunkte der S. bestehen in der Sekundarstufe I (insbesondere Haupt- und Gesamtschule). Ansätze der offenen ? Jugendarbeit werden mit Beratungs- und Betreuungsformen zu sozialpädagogischen Arbeitsansätzen gebündelt, die auf Unterstützung und Förderung der Schüler abzielen. Durch ein sozialpädagogisches Raum- und Zeitangebot wird zwischen den Normen und Regeln der Schule und Erfahrungen und Handlungsmustern aus den sozialen ? Milieus der Kinder vermittelt. Offen ist indessen, inwieweit der Schulsektor auf diese individuellen und gruppenbezogenen Unterstützungsangebote eingehen kann. Hier zeigt sich nicht selten, dass Schule die Kooperation mit sozialpädagogischen Instanzen eher als Eingriff sieht und befürchtet, dass erzieherische Defizite aufgedeckt werden. Hintergrund für diese Reibungsverluste sind unterschiedliche Strukturen und ministerielle Anbindungen von Jugendhilfe und Schule. Sozialpädagogische Fachkräfte auf der einen Seite und Lehrer/-innen auf der anderen Seite haben unterschiedliche pädagogische Konzepte, die unterschiedlichen professionellen Zugängen entsprechen. Probleme in den Arbeitsabläufen und Konzepten entstehen besonders dann, wenn S. nicht auf Kontinuität angelegt und das Arbeitsverhältnis der Professionellen nicht abgesichert ist.

Rechtliche Regelungen: Seit In-Kraft-Treten des ? KJHG – SGB VIII wird die Notwendigkeit einer Zusammenarbeit zwischen den Instanzen der Jugendhilfe mit Schule und Schulverwaltung (§ 81 SGB VIII) auch gesetzlich festgeschrieben. In § 13 SGB VIII findet S. als Angebot der Kinder- und Jugendhilfe ihre Rechtsgrundlage. Danach bietet Jugendhilfe Unterstützung an, um junge Menschen in ihrer schulischen Ausbildung und sozialen Integration zu fördern. Auch im § 14 SGB VIII wird eine kooperative Beziehung von Jugendhilfe und Schule verlangt. Kinder- und Jugendhilfe hat Querschnittsaufgaben wahrzunehmen, d.h. die Lebensbedingungen von Kindern und Jugendlichen zu fördern (§ 1 SGB VIII), daraus lässt sich ein Eingehen der Jugendhilfe auf Probleme von Kindern und Jugendlichen im schulischen Lebensbereich zwingend ableiten.

Praktische Einordnung: Aus diesen rechtlichen Regelungen lassen sich die Aufgabenfelder von S. herausarbeiten. So sind die Nachmittagsbetreuung, die Angebote im Freizeit- und Bildungsbereich außerhalb des Unterrichts bis hin zur Vernetzung mit dem Stadtteil (z.B. in Form von offener Kinder- und Jugendarbeit) aus dem § 11 SGB VIII ableitbar. Kooperation mit der Schule ergeben sich in Projektwochen und in der Durchführung von Freizeiten und Exkursionen. Gestaltung von Räumen, die den sozialen Beziehungen dienen ? Jugendsozialarbeit als Förderung benachteiligter und gefährdeter Jugendlicher (z.B. Devianz) durch Entwicklung von Fähigkeiten, Autonomie und Selbstbewusstsein (z.B. in Form von Erlebnispädagogik und sozialer Gruppenarbeit, dazu Stickelmann 1996), Vorbereitung des Übergangs in den Beruf (sog. Berufsfindungsgruppen), Aufarbeitung von Gewaltproblemen in der Schule bspw. durch ? Mediation, selbsterarbeitete Problemlösung durch Empowerment, Einzelfallberatung bei Krisensituationen (z.B. Trennung der Eltern, Drogenproblemen) sind in § 13 SGB VIII verankert. Weitere Schwerpunkte können eine gezielte Jungen- und Mädchenarbeit (§ 9) sein, die Ansätze der Sexualpädagogik einbeziehen. S. steht damit in Nachbarschaft zu sozialpädagogischen Unterstützungsformen in der Tagesbetreuung von Schulkindern und den Hilfen zur Erziehung in Horten (§ 22 SGB VIII), den Tagesgruppen (§ 32 SGB VIII) und der sozialpädagogischen Lernhilfe (§ 27 SGB VIII).

Lit. BMFSFJ: 10. Kinder- und Jugendhilfeberich; Olk u.a.: Jugendhilfe;

Stickelmann: Zuschlagen oder Zuhören; Thimm, K.: Schulverweigerung.

Bernd Stickelmann

(Zit. : Fachlexikon der sozialen Arbeit, S.806-807)

3.Historische Zusammenfassung

3.1.Industrialisierung

„Schulsozialarbeit institutionalisierte sich bereits vor 200 Jahren zur Anfangszeit der
Industrialisierung, obwohl sie damals noch nicht so hieß. Sie begann als Arbeit mit
Kindern des Proletariats in Volksschulen. Schule und Sozialarbeit wurden als eine
sich ergänzende Möglichkeit genutzt, um die Kinder des Proletariats zu fördern.(vgl.
Homfeldt, S.41) Die für die untersten Schichten organisierte Schulausbildung sollte
Arbeiterkinder zu qualifizierten Arbeitern formen(Qualifikationsaspekt). Gleichzeitig
entstehende sozialpädagogische Einrichtungen sollten sie in die Gesellschaft
einbinden, damit Arbeiterbewegung verhindern und das politische System schützen.
(Integrationsaspekt) So entwickelten sich Schule und Sozialpädagogik gegenseitig
ergänzend im Rahmen der industriellen Revolution. Während Schule zur Pflicht
wurde, „hatten die seit Anfang des 19. Jahrhunderts entstehenden Einrichtungen der
Sozialpädagogik von vornherein eher fakultativ- flankierenden Charakter, und zwar
als Privatwohltätigkeit, vor allem bezogen auf Sozialisationsrisiken proletarisierter
Unterschichtsfamilien mit hohem Reproduktionsrisiko, wie mangelhafter Ernährung,
Kleidung und Wohnung." (zit. Reyer in Homfeldt , S.43) Neben politischen
Gründen für den Ausbau sozialpädagogischer Einrichtungen waren der familiäre,
körperliche, soziale Verfall und die Verelendung des Proletariats ausschlaggebend.
Die extreme Bedürftigkeit war durch Ausbeutung und durch Arbeitgeber entstanden,
die Frauen und Kinder als Billigarbeitskräfte einsetzten. Es entstanden
Fabrikschulen, die nur noch Minimalkenntnisse und bestimmte Arbeitsabläufe
vermittelten. Der daraus resultierende Verlust jeder Bildung und die Verelendung
erzeugten Kriminalität, Verrohung, Verdummung und Wehrunfähigkeit. Kinder
waren schon als Jugendliche verarbeitet, weil sie bereits mit 8 oder 9 Jahren und

früher in den Beruf eintraten. Ihre tägliche Arbeitszeit in den Fabriken oder Bergwerken dauerte zu bis 14 Stunden täglich, da sie niemals eine Schulbildung erhalten hatten, konnten sie dieser Situation nicht entfliehen. Bis 1890 wurde nach und nach verschiedene Kinderschutzgesetze geschaffen, um die Zustände zu verbessern, u.a. musste eine 3-jährige Schulausbildung nachgewiesen werden. Es wird verständlich, dass in diesem Zusammenhang Schule Jugendschutzmaßnahme und sozialpädagogische Schöpfung wurde: „Ursprünglich hat ihr sogar, vor allem der unentgeltlichen öffentlichen Volksschule (Armenschule), die Eigenschaft angehaftet, der von der Gesellschaft gestellte ´Ersatz´ und die Ergänzung der unzulänglichen Leistung der Familie zu sein, ´Nothilfe´. Die Durchsetzung der allgemeinen Schulpflicht in der zweiten Hälfte des 19.Jahrhunderts, lässt sich nach Iben als eine weitreichende Jugendschutzmaßnahme bezeichnen, da sie Kinderarbeit und Ausbeutung einschränkt."(zit. Internet 2) Bei fortschreitender Industrialisierung und Weiterentwicklung in der Technologie wurden weitere schulische Qualifikationen nötig und mit ihr eine verstärkte Integration der Arbeiterjugend. (vgl. Homfeldt, S.44) Gleichzeitig mussten dem Proletariat, um es vom Arbeitskampf abzuhalten, immer neue Zugeständnisse gemacht werden, was zur Sozialgesetzgebung Bismarcks führte. Unter Wilhelm II ging diese Entwicklung weiter. Er versuchte, die Arbeiter mit Weiterentwicklung an die zu Monarchie binden, anstatt durch Unterdrückung und schränkte u.a. Kinderarbeit weiter ein. Stabilisiert und demokratisiert wurden die Arbeiterrechte durch den 1. Weltkrieg, da man auf die Arbeiter angewiesen war um kriegsfähig zu sein. Das äußerte sich in der Jugendhilfe u.a. durch Horte, Ferienkolonien, Schulgesundheitspflege und Schulpflege. Schulpflege war ein komplexer Bereich und kümmerte sich „um den eigentlichen Schulbetrieb, als den inneren Kern, kreisartig umlegen, und die ganze Schulgemeinde, Eltern wie Kinder..."(zit. Rolle, S.47) Außerdem half Schulpflege bei Schulfesten, Schülerfahrten, Unterbringung kranker Kinder und bei der Findung von Lehr- und Dienststellen.(vgl. Homfeldt, S.47) Ein anderer neuer Bereich waren Ferienkolonien ,die sich später zu Kinderheilstätten in festen Heimen weiterentwickelten.

3.2. Weimarer Republik

Nach dem 1.Weltkrieges wurde 1919 das Deutsche Reich zu einer parlamentarischen Republik und auf sozialpolitischer Ebene traten einschneidende Veränderungen ein. Es gab erstmals soziale Rechte mit Verfassungsrang wie z.b. Fürsorge für kinderreiche Familien oder Schutz der Jugend. Schwierigkeiten entstanden durch Kriegsfolgen, Inflation, Arbeitslosigkeit und politische Krisen. Die Jugendhilfe musste sich u.a. mit Kriegswaisen, Kinderarmut oder Jugendarbeitslosigkeit auseinandersetzen. Trotzdem wurde eine einheitliche Grundbildung für alle Kinder geschaffen. Die Gesundheitsfürsorge mit Schulspeisung und Kindererholungsfürsorge war einer der ersten und wichtigsten Bereiche der Schulsozialarbeit.(vgl.Homfeldt, S.50). In den 20er Jahren entwickelte sich der Arbeitsschwerpunkt hin zu Erziehung und Unterricht (vgl.Homfeldt, S.50). 1922 wurde das Reichsjugendwohlfahrtsgesetz eingeführt, was eine nicht wahrgenommene Gelegenheit bot, eine strukturfundierte Kooperation zwischen Schule und Jugendhilfe zu schaffen (vgl. Homfeldt, S.51) „Die im RJWG gesetzlich verankerten Jugendämter orientierten sich an Bezirkseinteilungen, die wiederum nicht identisch waren mit schulischen Einzugsgebieten, und die Orientierungsgröße für die Fürsorge war die Familie und nicht die Schule, so dass die ursprünglich präventiv gedachte Erziehungshilfe durch die Schulpflege in ihrer Tätigkeit als Bindeglied zwischen Schule und Jugendamt nach und nach in den zwanziger Jahren ihre Bedeutung einbüßte." (vgl. Homfeldt, S.51) Gleichzeitig entwickelte sich die Professionalisierung der Sozialpädagogik und ein Rückzug von Lehrkräften aus der sozialen Arbeit.(z.B. Hort) Ende der 20er Jahre begann eine klare strukturelle Trennung, zu der sich eine Lostrennung auf Handlungsebene fügte, u.a. weil Jugendhilfe durch Schule staatliche Bevormundung befürchtete. (vgl. Olk u.a, in Homfeldt S.52) 1928 verursachte die Weltwirtschaftskrise Massenarbeitslosigkeit, Wohnraummangel und Verelendung. Viele Menschen flüchteten aus ihrer unerträglichen Situation, indem sie Selbstmord begangen. Notküchen, Suppenküchen und Wärmehallen wurden errichtet um eine Grundversorgung zu gewährleisten. Schlussendlich war die Gesamtheit der Probleme in dieser Zeit, eine zu große

Belastung für das soziale System, die Leistungen konnten teilweise gar nicht oder nur bedingt erfüllt werden.

3.3.Nationalsozialismus

Ab 1933 wurde die Verfachlichung und Ausdifferenzierung der sozialen Arbeit beendet, da die Ideologie der Nationalsozialisten Sozialarbeit überflüssig machte. Sozialpolitik wurde im Nationalsozialismus zur Ausmerzung und Ausbeutung des schwachen Individuums, zugunsten der ständigen Stärkung des Volkskörpers missbraucht. Jegliche Selbstverwaltung wurde aufgelöst und dem Führerprinzip angeglichen. Die Erziehung von Kindern und Jugendlichen war ein Schwerpunkt des Nationalsozialismus, ebenso wie Gesundheit ein Zentralwert wurde. Allerdings war hier die Gesundheit des Volkskörpers bedeutsam und nicht die des Einzelnen. Alle Bereiche der Jugendhilfe wurden daher grundlegend umgestaltet und gleichgeschaltet.

3.4.Nachkriegsjahre

Nach dem 2 Weltkrieg konnte Sozialarbeit nur die dringlichsten Dinge bekämpfen, wie Wohnungsnot, Hunger oder Krankheiten. Es war nicht die Zeit, um neue Strukturen in der Sozialarbeit zu entwickeln.. Daher wurde auf bewährte Gefüge aus der Weimarer Republik zurückgegriffen, wobei Schwerpunkt die Gesundheitsfürsorge war.

Durch die Trennung von Ostdeutschland und Westdeutschland, entwickelten sich verschiedene Handlungsfelder. In der ehemaligen DDR entwickelte sich kein eigener Handlungsrahmen: „ Die Jugendhilfe wurde nach und nach im Sinne des Schulzweckes funktionalisiert; die Jugendarbeit wurde weitestgehend durch die FdJ betrieben und damit trotz Anspruch –einer eigenständigen Interessenvertretung der Jugendlichen....planmäßig in eine staatlich zentralistische Verantwortungsstruktur eingebunden-." (zit.Bettmer/Prüß in Homfeldt,.S.53)Im Westen hingegen wurden sozialreformerische Bemühungen erstickt, weil sich, durch das Wirtschaftswunder überlieferte Strukturen wieder verfestigen konnten.(vgl.Internet 2)

3.5. 60er Jahre

In der BRD entstand erst in den 60er Jahren das Bedürfnis das Verhältnis zwischen
Schule und Jugendhilfe neu zu bestimmen. Dabei wurde thematisiert, dass
Sozialpädagogik bisher hauptsächlich dazu genutzt wurde, Gesellschaft und
Wirtschaft zu sichern, indem sie die Kinder und Jugendlichen in passgerechte
Formen pressen würde. In Folge wurde Entwicklung zur Selbstbestimmung,
gesellschaftspolitischer Teilhabe und Solidarität in Schule andiskutiert (vgl.
Homfeldt, S.54). Grundsätzlich beschreibt Homfeldt die Schulsozialarbeit der 60er
als ein hilfloses und unkritisches Festhalten an alten Strukturen, dass erst 1966/67 zu
Veränderung in der Schulsozialarbeit führte (vgl. Homfeldt, S.56).

3.6. 70er Jahre

In den 70er Jahren gab es dann eine Umgestaltung, da Schule es nicht mehr schaffte,
die Aufgaben zu erfüllen, die von ihr gefordert wurden. Es gab
Kooperationsüberlegungen zwischen Schule und Jugendhilfe, nicht aus
pädagogischen Gewissensgründen, sondern als Reaktion auf gesellschaftliche
Veränderungen.(vgl. Homfeldt S.57).Kritik gegen das traditionelle selektierende
Schulsystem, gegen einseitige kognitive Ausrichtung und gegen Vernachlässigung
des sozialen Lernens wurde laut. Zeitgleich entstanden die ersten Gesamtschulen und
es wurde befürchtet, dass die radikale Umstellung des Bildungssystems Anpassungs-
– und Umstellungskonflikte hervorrufen könne. Deshalb sollten sozialarbeiterische
Arbeitsweisen stärker in den Schulen integriert werden, um auch die Bedürfnisse der
Einzelnen zu unterstützen, was ein deutlicher Gegensatz zur bisher üblichen
Anpassung an die Gesellschaft war. Ganz radikal wurde angedacht, ob
Sozialpädagogik zukünftig ein „Stachel im Fleisch" (zit.Homfeldt, S.58) sein könne,
was auf eine Wende von Reaktion zu Prävention verweist (vgl.Homfeldt, S.58)
Zeitgleich wurde Schulsozialarbeit direkt an Schulen gefordert, da die
Zusammenarbeit mit dem Jugendamt aus historischen Gründen stigmatisierend
wirkte. Durch die deutliche Forderung nach schulinterner Problembearbeitung
fühlten sich die Jugendhilfeträger in ihrer Existenz bedroht, sie wollten soziales

Lernen nicht komplett verschulen und verlangten Alternativen. In dieser Situation begann Schule mit Sozialpädagogik zu arbeiten, indem sie hauptsächlich ihre Störfälle weitergab. Schulsozialarbeit balancierte damals zwischen Unterordnung, Distanz und Kooperation: Trotzdem wird in der Literatur dieser Zeit festgestellt, dass die Aktivitäten der Schulsozialarbeit dabei halfen, die Schulzeit zu bereichern und Entwicklung und Bildung zu ermöglichen. (vgl.Homfeldt, S.59) Die Schulsozialarbeit schaffte es nicht, sich strukturell so fest in Schule einzubinden, dass beide Seiten von einander lernen konnten.

3.7. 80er-Jahre

In den 80er Jahren gab es weitere Diskussionen um die Möglichkeiten und Grenzen der Schulsozialarbeit. Neue Schwerpunkte wurden die Integration ausländischer Kinder, Jugendberufshilfe, Aids-, Gewalt- und Drogenprävention. Die aktuellen Probleme und der neue Bedarf zu Förderung von Jugendlichen und Kindern war inzwischen allgemein akzeptiert, die Lösungsversuche wurden jedoch sehr unterschiedlich gehändelt.

Während die SPD- regierten Länder in öffentliche Einrichtungen wie Z.B. Schule investierten, halfen die CDU- Länder durch Hilfen zur Stärkung der Familie.

Die 80er Jahre werden in der Literatur als Wende- und Übergangspunkt der Schulsozialarbeit bewertet: „Mit der Etablierung der Disziplin Sozialpädagogik entstand eine Fachdiskussion wie auch eine empirische Forschung zur Schulsozialarbeit. Die sozialwissenschaftliche Forschung begann gesellschaftliche Entwicklungen wie den Strukturwandel in der Familie, die Pluralisierung der Lebensweisen, den Verlust der Normalbiographie als gesellschaftspolitische Fixpunkte einer (sozial)pädagogischen Begründung von Kooperationsprojekten zwischen Jugendhilfe und Schule heranzuziehen." (zit. Olk, u.a. in Homfeldt, S.61)

3.8. 90er-Jahre bis heute

Inzwischen ist der Hauptansatz in der Schulsozialarbeit verstärkt die Lebensweltorientierung. Rechtliche Grundlagen erhielt die Schulsozialarbeit 1990 durch das neue KJHG's, hier besonders durch die Paragraphen 11, 13 und 81.

Schule selbst zeigte aufgrund angewandter Schulsozialarbeit in verschiedenen Projekten und „eine immer massiver werdende Schulkrise"(zit.Homfeldt, S.61) in den letzten Jahren immer Bereitschaft eine gleichberechtigte Kooperation mit Jugendhilfe einzugehen.

Neue Ideen und Antriebe entwickelten sich aus der Umstellung des Schulwesens in den neuen Bundesländern, dort versuchte man verschiedene Formen der Ganztagsbetreuung aufzubauen, bzw. zu bewahren oder weiterzuentwickeln. Gleichzeitig entstand in den alten Bundesländern die sogenannte Qualitätsdebatte. Weiterhin gilt, dass Schule weiterhin über Selektion soziale Ungleichheit reproduziert.(vgl. Homfeldt, S.61)

„Zum Schluss bleibt festzustellen: Es gibt bislang noch immer keine konsensfähige regelhafte Profilbildung von Schulsozialarbeit. Es gibt eine Vielzahl fachlich differenzierter Angebotsformen, aber noch keine rechtlich bindende Verpflichtung zu einer regelhaften Institutionalisierung. Es fehlt bislang an grundlegenden entgegenkommenden Strukturen seitens der Schule. Ob diese in der Gestalt einer Schulentwicklung in Richtung Autonomie und Dezentralisierung liegen, erscheint offen. Möglicherweise begünstigen Autonomie und Dezentralisierung eine neue – Illusion der Chancengleichheit-(Kolbe 1998, S.163), indem sie realiter einzig einem freien Markt den Weg bereiten, der die sozialen Ungleichheiten noch weiter begünstigt."(Homfeldt S.62)

4. Resümee

Während Jugendhilfe und Schule sich anfangs, in der industriellen Revolution, gegenseitig ergänzend entwickelten, fand in der Weimarer Republik durch das Reichsjugendwohlfahrtsgesetz eine strukturelle Trennung statt, der eine Trennung auf Handlungsebene folgte. Durch diese Aufteilung verlor die eher präventiv arbeitende Schulpflege an Bedeutung und reaktionäre Arbeitsweisen setzten sich durch. Nach dem 2.Weltkrieg wurde erneut bei den Weimarer Vorgaben angesetzt, da auf bewährte Formen zugegriffen werden musste, um das Nachkriegschaos zu bewältigen. Erst in den 70er Jahren setzte eine Entwicklung ein, die eine Annäherung zwischen Jugendhilfe und Schule einleitete und in die präventive Arbeit wieder an

Bedeutung gewann. Obwohl die Kooperation zwischen beiden Institutionen sich bis heute deutlich verbessert hat, sind bis heute die Strukturen aus der Weimarer Republik erhalten geblieben. Während über das 1990 neu geschaffene KJHG ein deutlicher, sogar rechtlich verankerter Kooperationswille bekundet wird, hält sich die Schulgesetzgebung vieler Bundesländer nur die Möglichkeit einer Kooperation offen.

Sehr interessant war für mich die Beobachtung, wie eng die Bedeutung von Schulsozialarbeit an wirtschaftliche Bedingungen geknüpft ist. Schon in der industriellen Phase wurden Schule und Jugendhilfe dazu genutzt, die Qualifikation und Integration von Arbeiterkindern zum Nutzen der Wirtschaft zu verbessern. In der Weimarer Republik stand durch die Regierungsbeteiligung der sozialdemokratischen Partei erstmals auch eine Förderung im Vordergrund, die gesellschaftliche Teilhabe ermöglichen sollte. Hier ist zu beobachten, dass Schulsozialarbeit in wirtschaftlich starken Zeiten hohes Ansehen erhielt und intensiv gefördert wurde. In wirtschaftlich schwachen Zeiten, wie Inflation oder Weltwirtschaftskrise war jede Förderung auf Nothilfe beschränkt, da die Gesamtheit der Probleme in dieser Zeit, eine zu große Belastung für das soziale System waren.

Das war ebenfalls in der Nachkriegszeit zu beobachten, als dann jedoch das Wirtschaftswunder begann, wurde kein Bedarf für Schulsozialarbeit gesehen, da das System als erfolgreich, da gewinnbringend betrachtet wurde. Erst Ende der 60er Jahre, parallel zu Konjunkturschwankung und Studentenrevolte entstanden neue Ansätze und Ideen, die in den Folgejahren Stück für Stück umgesetzt werden konnten. Durch Etablierung der Disziplin Sozialpädagogik in den 80er Jahren und ihrer Anerkennung auch auf politischer Ebene ergaben sich neue Entfaltungsmöglichkeiten für Schulsozialarbeit. Trotzdem ist zu beobachten, dass Fördergelder primär als Reaktion auf wirtschaftliche Krisen oder systembedrohende gesellschaftliche Entwicklungen gestellt werden. In diesem Kontext verweise ich auch noch einmal auf die selektive Funktion von Schule, die qualifizierten Nachwuchs zum Wohle der Wirtschaft fördert und die Funktion der Jugendhilfe, die bis heute systemsichernd arbeitet, indem sie sich immer noch, um die, vom Schulsystem ausgesonderten Störfalle kümmert. Zusammenfassend ist daher zu sagen, dass Schulsozialarbeit intensiver in wirtschaftlich ungünstigen Zeiten eingesetzt wird, was auch für Zeiten gilt, in denen gesellschaftliche Veränderungen das politische System bedrohen. Andererseits erhält (Schul)Sozialarbeit in solchen Zeiten immer auch die Gelegenheit, Teile des System zu verändern, anstatt nur Klienten an das System anzupassen.

Abschließend möchte ich bemerken, dass mir bei dieser Arbeit erneut die Problematik des Doppelmandats deutlich geworden ist, was mich dazu motiviert hat, mich eindringlicher mit dieser Problematik auseinander zu setzen und intensiver zu reflektieren.

5.Literaturliste

Homfeldt, Hans Günther: Historische Aspekte zum Verhältnis von Jugendhilfe und Schule.In:Hartnuß, B. / Maykus, S.(Hrsg.):Handbuch Kooperation von Jugendhilfe und Schule Fulda 2004

Lampert,H. / Althammer,J.: Lehrbuch der Sozialpolitik, 6. überarbeitete Auflage, Berlin, Heidelberg, New York, 2001

Stickelmann, B.: Schulsozialarbeit. In: Deutscher Verein für öffentliche und private Fürsorge (Hrsg.): Fachlexikon der sozialen Arbeit, 5.Auflage, 2002, Frankfurt am Main

Sekundärliteratur

Bettmer,F. / Prüß,F. Schule und Jugendhilfe. In : Otto, H.-U. / Thiersch , H. (Hrsg.): Handbuch Sozialarbeit/Sozialpädagogik. Neuwied 2001, S.1532-1539. In: Hans Günther Homfeldt : Historische Aspekte zum Verhältnis von Jugendhilfe und Schule.In:Hartnuß, B. / Maykus, S.(Hrsg.):Handbuch Kooperation von Jugendhilfe und Schule Fulda 2004, S.41 –63

Kolbe, F.-U.: Die Verschärfung der Reproduktion sozialer Ungleichheit durch Schule. In : **Mansel, J. / Neubauer, G. (Hrsg):** Armut und soziale Ungleichheit bei Kindern, Opladen 1998, S.147-163. In: Hans Günther Homfeldt : Historische Aspekte zum Verhältnis von Jugendhilfe und Schule. In:Hartnuß, B. / Maykus, S. (Hrsg.): Handbuch Kooperation von Jugendhilfe und Schule, Fulda 2004, S.41 –63

Liebau, E. : hat Schulsozialarbeit eine Zukunft? In : Frommann, A. / Kehrer, H. / Liebau E. (Hrsg.): Erfahrungen mit Schulsozialarbeit. München, Weinheim 1987, S.201-208. In: Hans Günther Homfeldt : Historische Aspekte zum Verhältnis von Jugendhilfe und Schule. In:Hartnuß, B. / Maykus, S. (Hrsg.): Handbuch Kooperation von Jugendhilfe und Schule, Fulda 2004, S.41 –63

Olk, Th. / Bathke,G.W. / Hartnuß, B.: Jugendhilfe und Schule,Weinheim, München 2000. In: Hans Günther Homfeldt : Historische Aspekte zum Verhältnis von Jugendhilfe und Schule. In:Hartnuß, B. / Maykus, S. (Hrsg.): Handbuch Kooperation von Jugendhilfe und Schule, Fulda 2004, S.41 -63

Reyer, J.: Die Schule – eine ursprünglich sozialpädagogische Einric htung? In: neue praxis 1984, Heft 2 S.140 - 153 In: Hans Günther Homfeldt : Historische Aspekte zum Verhältnis von Jugendhilfe und Schule.

Reyer, J.: Kleine Geschichte der Sozialpädagogik, 2002 Baltmannsweiler. In: Hans Günther Homfeldt : Historische Aspekte zum Verhältnis von Jugendhilfe und Schule. In:Hartnuß, B. / Maykus, S. (Hrsg.): Handbuch Kooperation von Jugendhilfe und Schule, Fulda 2004, S.41 -63

Rolle, H.: Schulpflege. In : Rein, W.(Hrsg.): Encyklopädisches Handbuch der Pädagogik, Langensalza 1908,Band 8,2.Auflage S.241-250. In: Hans Günther Homfeldt : Historische Aspekte zum Verhältnis von Jugendhilfe und Schule. In:Hartnuß, B. / Maykus, S. (Hrsg.): Handbuch Kooperation von Jugendhilfe und Schule, Fulda 2004, S.41 -63

Werder, L.v.: Sozialistische Erziehung. Geschichte des Klassenkampfes um den Ausbildungssektor.1848 – 1973, Frankfurt a.M. In: Hans Günther Homfeldt : Historische Aspekte zum Verhältnis von Jugendhilfe und Schule. In:Hartnuß, B. / Maykus, S. (Hrsg.): Handbuch Kooperation von Jugendhilfe und Schule, Fulda 2004, S.41 -63

Internet: Homfeld, H.G. / Schulze Krüdener, J. ; Schulsozialarbeit : eine konstruktiv-kritische Bestandsaufnahme, 2001,o.O., http://www.sgbviii.de/S109.html, Datum Zugriff 20.06.2005